जिराफ
giraffe

कांगारू
känguru

किडा
fehler

बंदर
affe

ऑक्टोपस
tintenfisch

ससा
hase

शार्क

hai

वाघ

tiger

याक

yak

झेब्रा

zebra

मगर

alligator

कुत्रा

hund

पोपट

papagei

प्राणी

tiere

मेंढी

schaf

कीटक

wurm

मुरुम

ameise

मांजर

katze

हिरण
hirsch

हत्ती
elefant

मासे
fisch

कोंबडी
henne

इगुआना
leguan

सिंह
löwe

तिल

maulwurf

उल्लू

eule

डुक्कर

schwein

कुरळे

hahn

घोडी

schnecke

टर्की

truthahn

व्हेल

wal

मधमाशी

biene

डंक

ente

गोरिला

gorilla

भालू

bär

पक्षी

vogel

चिकन
hähnchen

गाय
kuh

क्रॅब
krabbe

घोडा
pferd

मांजर
kätzchen

गिलहरी
eichhörnchen

फुलपाखरू

schmetterling

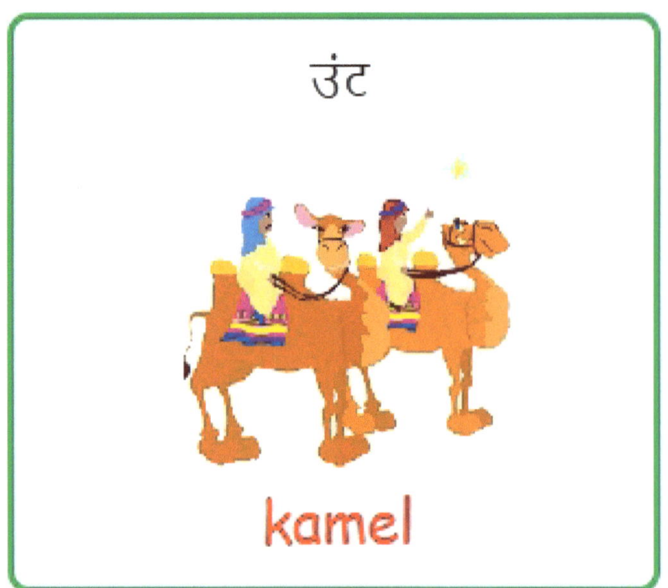

उंट

kamel

डॉल्फिन

delphin

गरुड

adler

पिल्ले

küken

कोल्हा

fuchs

मेंढी

frosch

शेळी

ziege

हिप्पोपोटामस

nilpferd

पांडा

panda

कुत्री

hündchen

उंदीर

mäuse

पेंग्विन

pinguin

साप

schlange

कोळी

spinne

कछुए

schildkröte

लांडगा

wolf

माशा

fliegt

कीटक

insekt

कोला

koala

लावे

wachtel

उंदीर

ratte

कंटाळा

stinktiere

चीता

gepard

छिद्र
eidechse

मरे
stute

शहामृग
strauß

ओस्टर
auster

पेलिकन
pelikan

कबूतर
taube

रेनडिअर

rentier

हंस

schwan

टोड

kröte

गिधाड

geier

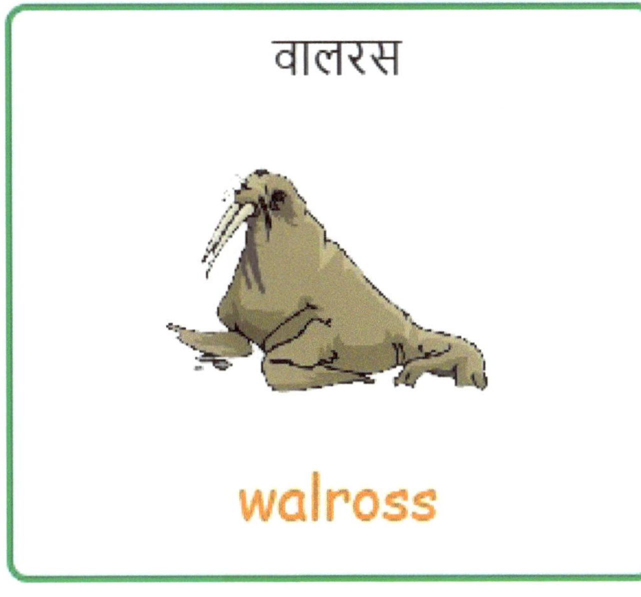

वालरस

walross

क्लॉम

muschel

डुक्कर	गुडघा
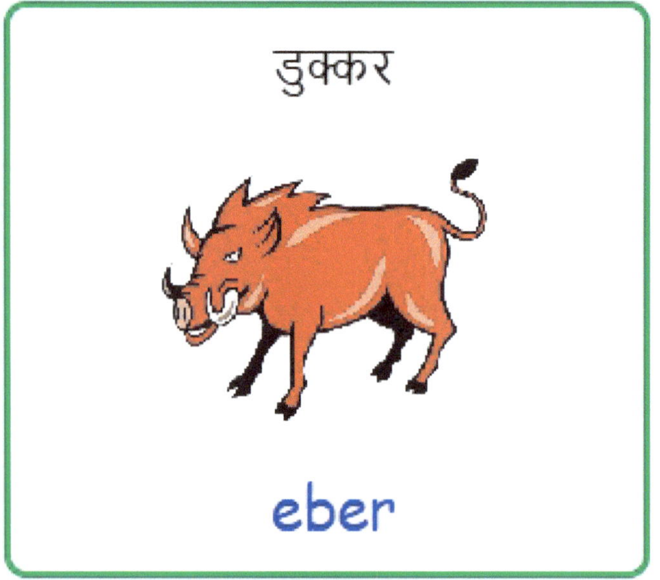	
eber	knie

हात	डोळा

hand	auge

डोके	पाय

kopf	beine

केस

haar

कान

ohren

बोट

finger

नाक

nase

दात

zahn

खांदा

schulter

हात

arm

दाढी

bart

ठुबक

kinn

कोपर

ellbogen

चेहरे

gesichter

तोंड

mund

मान

hals

अंगठ्या

daumen

जीभ

zunge

स्नायू

muskel

हिप

hüfte

शरीर

karosserie

आईसक्रीम

eis

जाम

marmelade

टरबूज

wassermelone

केक

kuchen

संत्रा

orange

दही

joghurt

लिंबू

zitrone

दूध

milch

नाशपात्र

birnen

सफरचंद

apfel

ब्रेड

brot

नारळ

kokosnuss

ब्रोकोली
brokkoli

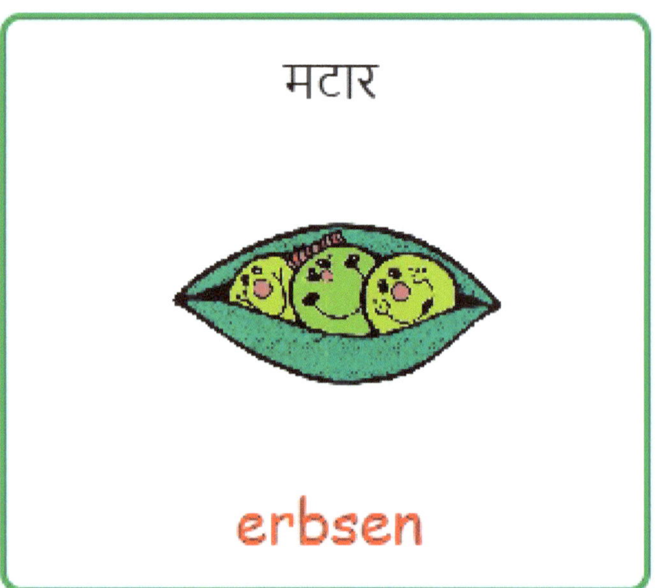

मटार
erbsen

सलाद
salat

मिरची
chili

चेरी
kirsche

केळी
banane

स्ट्रॉबेरी
erdbeere

अननस
ananas

बीन
bohne

कँडी
süßigkeiten

हॅम
schinken

रस
saft

कीवी

kiwi

मांस

fleisch

नट

nüsse

कांदा

zwiebel

केचअप

ketchup

चीज

käse

द्राक्षे

traube

गाजर

karotte

पुडिंग

pudding

नूडल्स

nudeln

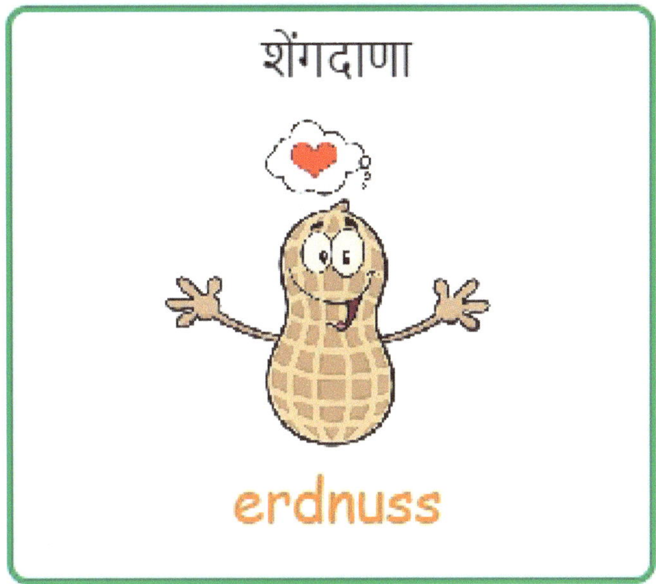

शेंगदाणा

erdnuss

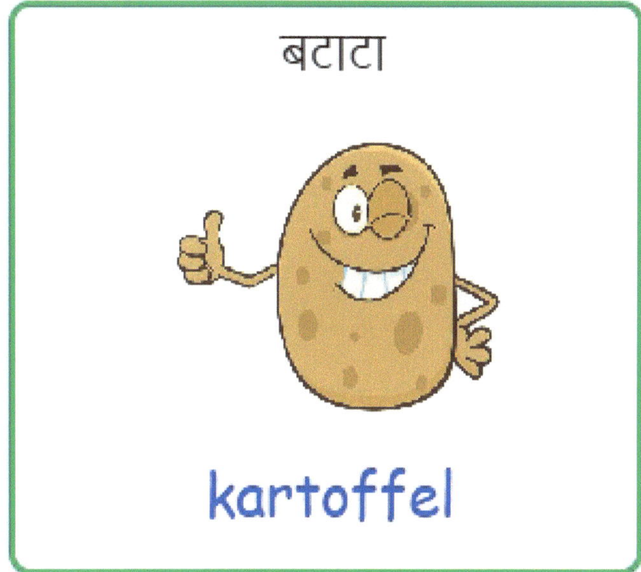

बटाटा

kartoffel

स्टीक

steak

डोनट्स

donuts

भाज्या

gemüse

सॉसेज

wurst

पाई

kuchen

मध

honig

सूप

suppe

एवोकॅडो

avocado

चॉकलेट

schokolade

पिझ्झा

pizza

टोमॅटो

tomate

एग्प्लान्ट्स

auberginen

काकडी

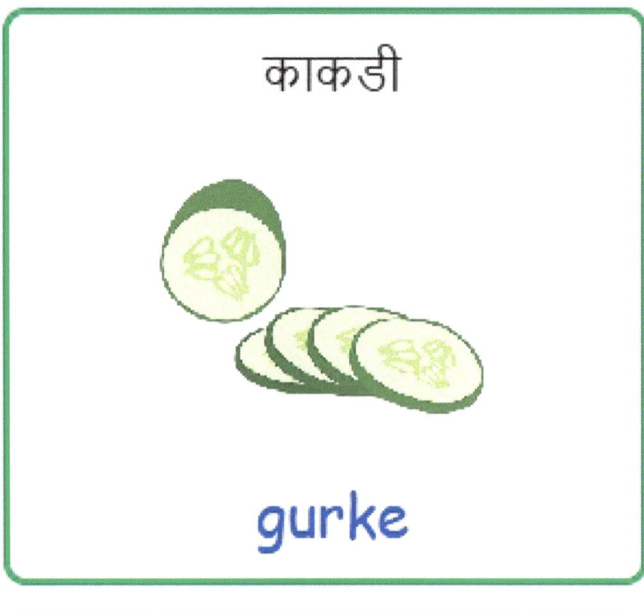

gurke

द्राक्षांचा वेल

grapefruit

सँडविच

sandwiches

आंबट

pfirsich

अंडी

eier

मनुका

pflaume

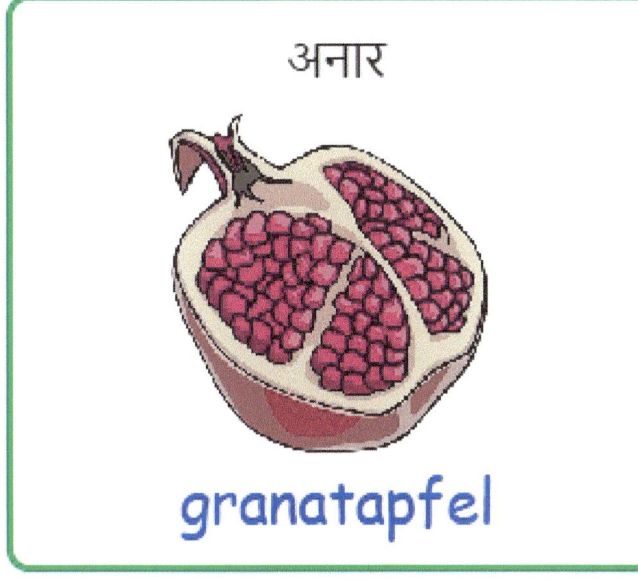

अनार

granatapfel

रास्पबेरी

himbeere

टेंगेरिन

mandarine

गहू

weizen

कुकी

plätzchen

मशरूम

pilz

सलिप

rübe

कॉर्न

eicheln

कॉर्न

mais

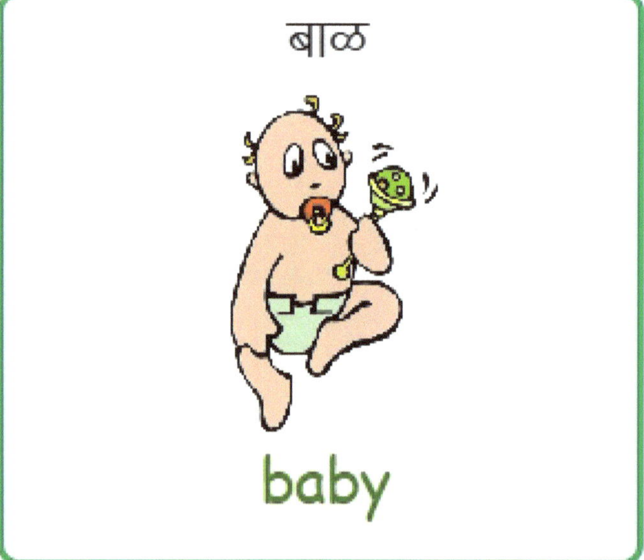

बाळ

baby

राजा

könig

मुले

kinder

राणी

königin

मुलगा

junge

भाऊ

bruder

मुले

kinder

शेतकरी

farmer

वडील

vater

मुली

mädchen

माणूस

mann

आई

mutter

चेटकिणी

hexen

बहीण

schwester

बाबर

barbier

मित्र	डॉक्टर

freund	**arzt**
नर्स	जादूगार

schwester	**zauberer**
छायाचित्रकार	समुद्री डाकू

fotograf	**pirat**

शेफ

koch

देवदूत

engel

नाइट

ritter

जलपरी

nixe

राजकुमारी

prinzessin

शिक्षक

lehrer

वडील

papa

कलाकार

künstler

संगीतकार

musiker

खाटीक

metzger

नेते

führer

व्यवस्थापक

manager

राजकारणी

politiker

त्याला

ihm

बेकर

bäcker

लुटणे

rauben

सुतार

zimmermann

पोलिस

polizist

वेटर

kellner

पोलिस

polizist

टॉड्लर्स

kleinkinder

आई

mama

दासी

maid

विमान

flugzeug

कार

auto

स्कूटर

roller

सायकल

fahrrad

व्हॅन

van

बस

bus

बाइक

fahrrad

गाड्या

züge

ट्रक

lastwagen

जीप

jeeps

टँक्सी

taxi

वैगन

wagen

रॉकेट

rakete

<table>
<tr><td>

बॅरो

karren

</td><td>

बॉल

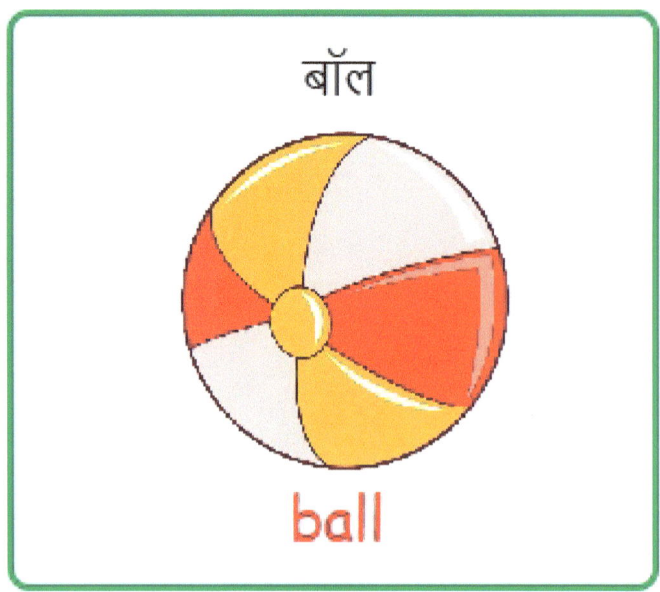

ball

</td></tr>
<tr><td>

झेंडा

flagge

</td><td>

पॅन

schwenken

</td></tr>
<tr><td>

वास

vase

</td><td>

टॉवेल

handtuch

</td></tr>
</table>

बॅग

tasche

जॉग

krug

बॅकपॅक

rucksack

घरटे

nest

झाड

baum

छत्री

regenschirm

ज्वालामुखी
vulkan

अँकर
anker

सूत
garn

जिपर
reißverschluss

कॉलर
kragen

आरसा
spiegel